AF282791

DESDE MI VENTANA

ExLibric

ALBERTO LAGO

DESDE MI VENTANA

EXLIBRIC

ANTEQUERA 2024

DESDE MI VENTANA
© Alberto Lago
Diseño de portada: Dpto. de Diseño Gráfico Exlibric

Iª edición

© ExLibric, 2024.

Editado por: ExLibric
c/ Cueva de Viera, 2, Local 3
Centro Negocios CADI
29200 Antequera (Málaga)
Teléfono: 952 70 60 04
Fax: 952 84 55 03
Correo electrónico: exlibric@exlibric.com
Internet: www.exlibric.com

ISBN: 978-84-10076-66-2
Depósito Legal: MA 126-2024

Impresión: PODiPrint
Impreso en Andalucía – España

Nota de la editorial: ExLibric pertenece a Innovación y Cualificación S. L.

ALBERTO LAGO

DESDE MI VENTANA

A mis padres

Tres suertes puede correr un libro de versos:
puede ser adjudicado al olvido,
puede no dejar una sola línea,
pero sí una imagen total del hombre que lo hizo,
puede legar a las antologías unos pocos poemas.

Jorge Luis Borges, «Obra poética I»

1ª Parte

ADIÓS

Y me dijiste adiós
entre pálida y ausente,
y diáfana como la luz
en su esplendor,
disfrazando en una sonrisa
de eterna melancolía
el fruto de lo que pudo haber sido
y no fue.

IN MEMORIAM FINLANDIA

Reflejo del alma,
pureza vestal,
cristalino transcurrir,
oscura dicotomía…

¿Evolución o involución?

Cielo con estrellas que en la noche brilla

Cielo con estrellas que en la noche brilla,
viento entre las rocas que mi soledad quebranta
sobre tu piel sabor a mar,
que en la arena el anhelo graba

¿?

Cuándo, cómo
y por qué.
Siempre, nunca
o tal vez.
Preguntas y respuestas, y qué.
La noche sobre el día otra vez.

Delirio

Ya no siento tus bragas blancas en el suelo,
que me hacen reír y llorar,
ni tu olor de diamante,
y tus labios no liban mi pecho.
Tampoco los míos el tuyo.
Ni tus muslos de hielo.
Ni tu pubis volcánico.
Y, como un mal sueño, te despierto y no te siento.
Y es que, quizá, ya no estés.

El Aleph

Contigo aprendí
que el transcurrir del tiempo es hoy
y descubrí el Aleph, ese punto del universo
que contiene todos los puntos,
y que pronunciar tu nombre
es pronunciar todos los nombres,
y que el negro es un color circunstancial,
y aprendí que la libertad
es un camino que me dirige a ti,
y que esperarte es vivir y morir de amor
y que amar una vez es amar siempre,
y comprendí que, de nuevo, amaré.

ERAS LA LUZ
EN LA OSCURIDAD

Eras la luz en la oscuridad,
la ráfaga de viento en el mar,
la sonrisa en la tristeza,
en el desierto el agua
y el fruto en la tierra,
la certeza en la incógnita:
todo lo eras.

Guíame

Como el agua,
arrástrame, corriente;
que mi mejilla acaricie su pecho,
y mis oídos palpiten sobre su piel,
y con la brisa, mis labios áridos
su sed sacien.

Guíame, corriente;
mengua mis anclas, alza mis pies;
aunque occiso, guíame
para así poderla ver.

HOY ES AYER Y MAÑANA

Y el eco de la lluvia resuena en mi memoria,
igual que antes y que después
el sol sale por el oriente
y el mar se muestra infinito
en mis minúsculos ojos
y, entonces, sé que ayer te amé.

IN MEMORIAM BARCELONA

Solo en la gran ciudad.
Las nubes presagian la soledad.
Tú no llegas, tú no estás.
Cada segundo, una… una eternidad.
Tictac, tictac.
Solo en la soledad,
y los presagios se mojan de realidad.

IN MEMORIAM...

No te había visto, pero ya te conocía.
¿Casualidad o causalidad? No lo sé,
que decida el destino.

Amor es ciego el que no ve,
pero que ilumina el horizonte;
deseo virtual que me atrapa el sueño.

Pero sobreviviré.
Mientras sepa cómo amar,
sé qué estaré vivo.

Nunca escribo poemas por encargo,
pero tú me lo pediste.

INOCENCIA

Hoy te vi entre la calima,
entre el agua y la arena,
como ayer,
desnuda,
con bragas de algodón.

Momentos

Momentos,
segundos, minutos,
horas, días, meses,
a veces, eternos.

Momentos de encuentros
y desencuentros,
amor y desamor.

Momentos,
casi siempre,
de caminos inconclusos;
momentos de dudas pasajeras,
otras perennes,
momentos fugaces.

Momentos
verdes, blancos,
grises, rojos;

simplemente,
momentos.

AQUEL

No soy aquel,
tal vez su sombra.
Como la luz
en la noche,
me asilo en ti,
apocado;
No soy aquel,
y qué más da,
soy este.
¿Acaso puede ayer
ser como mañana?

No te añoro

No te añoro, libertad.
Si mi mano no sella su mano
y sus ojos me dicen nada,
y ya no alcanzo a oír su voz,
perpetúa.

Si te añoro, libertad,
porque no alcanzo a oler su perfume,
antes pueril,
ni puedo saciar su sed
un día insaciable,
ni socavar su vientre, acaso fecundo.

RÉQUIEM

A Inés

No te acuerdas, qué ingenuos.
Nadie nos veía, nadie.
Qué cosas me decías.
Me aturdías, y mis manos
se movían con torpeza,
de arriba abajo y de abajo arriba;
sí, con lascivia,
como queriéndolo todo
y todo era hoy, nada mañana.
Y ya no te acuerdas, niña.

TIEMPO

Tiempo para esperar la esperanza,
tiempo para recordar el olvido,
tiempo para olvidar el desamor,
tiempo para vivir en el presente
sin pensar en el futuro
y vacío para llenarlo de tiempo.
Solo tiempo, solamente.
Solo tiempo, nada más.

Tus ojos tu verdad

Tus ojos, tu verdad.
Tu verdad, tu vida.
Tu vida, tu dolor.
Tu dolor, mi vida.

Un instante, una eternidad

Un instante, una eternidad.
Un deseo de gris ceniza,
vestido de corbata naranja,
pudre de negro lo rojo,
buscando la eternidad,
y el viento pregunta:
¿por qué te vas?

UTOPÍA

Un visitante inesperado.
Un pasaporte sin estigmas
de anhelos que se forjan en el alba.
Un día sin principio ni fin.
Un llanto en la oscuridad
y una eterna sonrisa.
Amor eso es,
solo un pasaje de ida.

Y nos encontraremos antes o después
en el camino de lo inevitable.

2ª Parte

No dejes que la Mano Muerta de la realidad inhiba tus sensaciones.

Susan Sontag

1947

Emanaste de una gardenia
una primavera de abril
de 1947, en plena Guerra Fría;
resurgiste del limbo de Dante
como Raquel.
¡Oh, tú,
mística salvaje!

A MI MADRE

Te siento a través del viento.
La lluvia moja mi corazón,
antes inerte; ahora fluye,
como el lago rojo,
rotundo, pleno,
sin pasión, sin ilusión,
pero tenue, como el té
de las seis.
Ya no te añoro.
Quizá seamos uno,
uno dentro de otro,
como antaño,
como ahora.

Desde que partiste

Desde que partiste,
vago en paz.

Me abismo, buscando
tus cenizas en el mar,
eternas.

Ante mis
minúsculos ojos,
te diluyes en el océano,

azul y profundo,
como te definen
en los libros de geografía,

que intentan acotar
lo infinito,
lo inefable.

Pero, para mí, eres luz,
que me guía
como un faro,
cuando un barco va
hacia la deriva.

La rosa de los vientos
me llevará hacia ti.

Lo sé.

MÁS ALLÁ DEL AYER

Más allá del ayer
te bifurcas como el río
que va a dar a la mar.
Allí nos encontraremos,
solos tú y yo,
como en el río de Heráclito.

No fue una tarde turbia

No fue una tarde turbia.
En la oscura noche
que presentía la parca
amaneciste en estado
de tránsito que acalla
la vida, que acalla la muerte,
para decirnos
la penúltima palabra.

Índice